AF452947

L'ABBAYE SAINT-CORNEILLE
DE
COMPIÈGNE

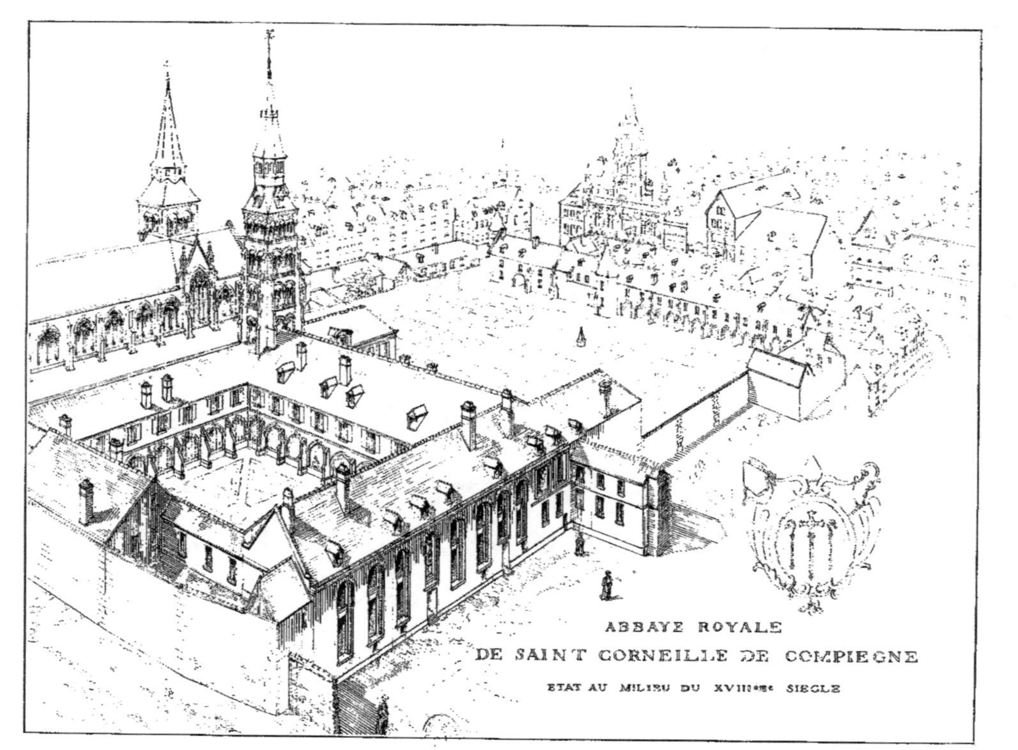

ABBAYE ROYALE
DE SAINT CORNEILLE DE COMPIEGNE
ETAT AU MILIEU DU XVIIIme SIECLE

L'ABBAYE
SAINT-CORNEILLE
DE
COMPIÈGNE

SA RESTAURATION

PRÉSIDENCE
DU
CONSEIL

Le Président

Paris, le 3 Février 1929

Monsieur Fournier Sarlovèze
Député

Mon cher collègue,

Comment ne pas approuver l'heureuse initiative que vous avez prise, comme maire de Compiègne, de préserver d'une destruction totale les précieux vestiges de l'abbaye de Saint Corneille ?

Il serait souhaitable que toutes les municipalités de France eussent le même souci de sauvegarder les souvenirs qui leur restent du passé et dont fait souvent trop bon marché notre siècle électrifié. Nous laissons piller nos richesses d'art, comme si nous n'en connaissions ni le prix matériel, ni la valeur morale, ni la beauté. Il semble que nous nous acharnions nous-mêmes à couper nos

racines et à les jeter au vent.

Votre programme contraste avantageusement avec les abandons dont trop de communes ont donné le lamentable exemple. L'histoire de Compiègne est trop étroitement liée à celle de la vieille France pour que vous négligiez les vénérables monuments qui ont été les témoins de l'une et de l'autre.

Ce n'est pas que personnellement je sois très qualifié pour m'intéresser à l'abbaye de Saint Corneille. Lorsque Charles le Chauve l'a fondée en 876, je n'appartenais pas à son royaume. Depuis trente trois ans, le traité de Verdun avait séparé la Lorraine de la France. Mais depuis lors, Dieu merci ! nous nous sommes retrouvés et vous ne me traiterez pas en étranger si je vous adresse pour votre belle œuvre mes vœux patriotiques.

Croyez, mon cher collègue, à mes sentiments dévoués.

Bonicard

A NOS CONCITOYENS

DES ETATS-UNIS D'AMERIQUE

On ne saurait faire injure au Nouveau Monde en disant que bien longtemps encore, et pendant des siècles peut-être, ses habitants seront obligés de traverser l'Atlantique pour cultiver et développer chez eux leur sens de la Beauté.

Au cours des dix siècles de son histoire, la France a créé d'innombrables et inestimables trésors d'art : cathédrales, peintures, sculptures, jardins...

Si les trésors appartiennent à la France, on peut dire aussi qu'ils profitent à tout le monde civilisé, et ce ne sont pas seulement les architectes et les artistes qui viennent puiser auprès d'eux la science et l'inspiration, mais aussi les maîtres, les étudiants et même les gens d'affaires et simples touristes y trouvent tout l'intérêt et l'imagination du passé...

La Ville de Compiègne, une des plus agréables et des plus faciles d'accès de France, à une heure de Paris, est un de ces lieux d'élection. Son magnifique Palais, d'un grand intérêt historique, renferme des tapisseries et meubles des meilleures époques. L'Hôtel de Ville, la merveille du genre, contient un musée, particulièrement réputé pour ses importantes collections de vases grecs, admirablement assemblés, ses objets d'art de toute nature et sa bibliothèque de livres rares.

Si l'on parvient à restaurer l'ancienne abbaye de Saint-Corneille, selon les plans dessinés sous la direction éclairée de la Municipalité, Compiègne aura, en outre, mis en valeur un vestige important des origines mêmes de la monarchie française. C'est le vif désir de tous les Français, mais, puisque le touriste américain apprécie également à leur juste valeur tous ces souvenirs du passé, nous demandons la participation financière de nos concitoyens. La France est généreuse; dès que nous débarquons sur ses côtes, elle met tous ses trésors à notre disposition. Nous devons donc l'aider, surtout en nos moments de prospérité, alors qu'elle fait tous les efforts possibles pour réparer les dommages de la guerre. Aidons-la à reconstituer et à préserver un des plus nobles vestiges de l'architecture européenne.

Docteur ABRAM FLEXNER

Ancien directeur du Comité Général
d'Education de la Fondation Rockefeller.

WELLES BOSWORTH

Architecte, secrétaire général du Comité Franco-Américain
pour la Restauration des Monuments et Membre
correspondant de l'Académie des Beaux-Arts.

L'ABBAYE SAINT-CORNEILLE
DE COMPIÈGNE

E touriste qui sort de l'Hôtel de Ville de Compiègne arrive directement, après avoir traversé la Place, à la rue Saint-Corneille.

En parcourant cette rue, bordée de magasins, il remarquera peut-être, à gauche, une porte cochère dépourvue de tout style et qui paraît dépendre d'une maison de commerce banale. A toute heure du jour, la porte s'ouvre et donne passage à des voitures chargées de pain, de farine, de vivres divers : c'est là qu'est installée la Manutention militaire de la garnison de Compiègne.

De l'extérieur rien n'indique la destination de l'immeuble; rien non plus ne laisse soupçonner que, derrière les boutiques qui bordent la rue, se trouvent les restes de l'un des plus vénérables édifices de l'ancienne France.

Or, la porte cochère mène à une vaste cour, où l'on reconnaît les restes d'un cloître. De lourds piliers soutiennent des ogives dégarnies de leurs ornements. D'informes maçonneries ont, au cours du dernier siècle, pendant lequel l'immeuble a eu sa destination actuelle, obturé certaines arcades et défiguré l'aspect du cloître.

Si l'on pénètre dans les bâtiments, ce n'est pas sans tristesse qu'on voit l'état dans lequel ils se trouvent. Dans une vaste salle sont installés des fours de boulangerie ; des planchers ont divisé en deux parties la hauteur de l'édifice ; l'ensemble est dans un état de vétusté navrant.

Pourtant, ces bâtiments constituent ce qui subsiste de l'un des établissements religieux les plus célèbres et les plus vénérés de notre France, celui que les Papes nommaient « la Sainte, la Vénérable, la Royale Abbaye de Saint-Corneille de Compiègne ».

*
* *

Ce qu'était Compiègne au IXᵉ siècle, il serait difficile de le préciser.

Au confluent des rivières d'Aisne et d'Oise, à l'orée de l'immense forêt de Cuise qui porte aujourd'hui les noms de forêts de Compiègne et de Laigue, nos Rois des premières dynasties mérovingienne et carolingienne avaient installé d'abord une « villa », puis un Palais. La Ville s'était vraisemblablement élevée à l'ombre du domaine royal. Au VIIIᵉ siècle, Charles Martel y fit de fréquents séjours.

En 876 régnait en France le petit-fils de Charlemagne, le roi Charles-le-Chauve, qui venait de se faire couronner Empereur à Rome. C'est en cette année même qu'il fonda l'Abbaye de Saint-Corneille, dans une partie de son domaine de Compiègne. Ce que le grand Empereur, son Aïeul, avait fait à Aix-la-Chapelle, Charles voulut le faire en notre Ville.

Le choix de Compiègne se justifiait, puisque déjà cinq conciles y avaient tenu leurs assises.

Si l'on se reporte à la charte de fondation, on voit quelle place tenait dans l'esprit du roi la création de son Abbaye.

Ce qui, pour toute la chrétienté assura à la nouvelle Abbaye la vénération des fidèles, ce fut l'apport de reliques précieuses, celles de Saint Corneille, pape et martyr, et de Saint Cyprien, Evêque de Carthage, envoyées toutes deux à Compiègne sur la demande du roi par le Pape Jean VIII. De la Basilique d'Aix-la-Chapelle furent distraits au profit de Saint-Corneille l'un des suaires du Sauveur et le voile de la Vierge.

Dès 877, l'église de l'Abbaye put être inaugurée : la dédicace en fut faite, en présence du roi Charles et des légats du Pape, par 72 Evêques et Archevêques.

C'est en cette année même que mourut Charles-le-Chauve. Il laissa par testament à l'Abbaye le tiers des livres qu'avait réunis Charlemagne, livres dont beaucoup étaient recouverts de lames d'or et d'argent.

A Saint-Corneille fut sacré son fils Louis II (878), qui, deux ans après, mourait à Compiègne et y fut inhumé.

La vénération qu'avaient eue Charles et Louis pour notre Abbaye, ses successeurs l'eurent également :

Charles III le Simple (879-929) faisait rebâtir l'église, incendiée par les Normands.

Louis V, le dernier des Carolingiens, eut sa sépulture à Saint-Corneille (987).

Robert II (970-1031) et la Reine Constance comptèrent parmi les bienfaiteurs de l'Abbaye.

Henri Ier (1031-1060) l'appelait « la bien aimée des Rois ».

Louis VI (1108-1137), qui la gratifia de nombreux dons et privilèges, disait qu'il « la chérissait de tout son cœur et qu'il prenait plaisir à l'honorer ». Son Ministre Suger la considérait comme l'une des plus nobles de France et des plus célèbres du monde entier.

*
* *

L'Abbaye avait été construite pour 100 chanoines à la tête desquels se trouvait un abbé : le premier fut Hincmar, Archevêque de Reims.

La situation privilégiée de Saint-Corneille est attestée par le détail de son organisation : l'abbé relevait directement du Pape; il devait, dès sa désignation, se faire bénir à Rome (au moins jusqu'au pape Clément III); il portait la crosse, la mitre et l'anneau, comme les évêques; il officiait revêtu d'ornements pontificaux; il était entouré d'une véritable cour : grand vicaire, official, pénitencier, aumônier, chambellan, chapelain, etc... La défense des droits et propriétés de l'Abbaye était assurée par huit barons, dits barons fieffés (octo feodati), qui ne pouvaient se présenter au chapitre que revêtus d'une dalmatique aux armes de Saint-Corneille.

Toute cette organisation donne à l'institution un aspect de grandeur indéniable.

*
* *

L'abbaye vécut ainsi jusqu'au XIIe siècle ; les chanoines partageaient leur temps entre les offices, les cérémonies, les prières et l'étude. Dès avant la transformation dont il va être parlé, les études, spécialement les études théologiques, étaient en grand honneur à Saint-Corneille. C'est ainsi que, au commencement du XII° siècle, l'Abbaye comptait au nombre de ses chanoines l'un des hommes qui marquèrent le plus dans les sciences religieuses du temps, Roscelin, que certains prétendent avoir été le maître d'Abélard.

Sous le règne de Louis VII, en 1150, un événement de première importance se produisit dans la vie de l'Abbaye; un relâchement s'était introduit dans les mœurs des chanoines; les remontrances du roi n'avaient pas été écoutées. Faut-il de plus supposer que leur esprit d'indépendance aît déplu au roi et qu'il aît voulu substituer à des chanoines puissants et devenus turbulents un Ordre de moines que leur règle rendait plus humbles et plus soumis. Quoi qu'il en soit, les chanoines furent remplacés par des moines Bénédictins. Les Chanoines résistèrent, non sans violences, mais force resta à la volonté royale.

C'est une nouvelle ère qui commence pour Saint-Corneille; pendant cinq siècles, l'Abbaye sera sous la dépendance de l'illustre communauté de Saint-Benoit et elle deviendra l'émule des grandes Abbayes bénédictines, celle du Mont-Cassin, celle de Cluny, celle de Saint-Gall. Le goût des lettres et des travaux historiques s'y développera; c'est ainsi qu'on verra, au XVI° siècle, l'illustre helléniste, le traducteur de Plutarque, Jacques Amyot, devenir abbé de Saint-Corneille. A l'ombre des murs de Saint-Corneille naquit, en 1350, un enfant qui devint le Cardinal Pierre d'Ailly, illustre savant et diplomate dont l'un des ouvrages, l'*Imago Mundi*, aida grandement

Christophe Colomb dans son voyage à la recherche du
Nouveau Monde (exemplaire de la Bibliothèque de
Séville, annoté par Christophe Colomb).

L'abbaye restera néanmoins la Sainte et Royale
Abbaye de Saint-Corneille. C'est, d'après la tradition,
dans une chapelle dépendant de l'Abbaye, que Jeanne
d'Arc, avant sa prise à Compiègne, déposa son épée,
l'épée de Fierbois. François Ier y reçut magnifiquement
Charles-Quint, et c'est dans ses murs qu'en 1589, Henri
le Béarnais viendra déposer le corps de Henri III
assassiné.

En 1626, autre changement de moindre importance :
les religieux de Saint-Maur, qui ont porté si haut l'honneur de l'érudition française, succèdent aux Bénédictins
à Saint-Corneille. Mais, sous un nom particulier, les
moines de Saint-Maur sont encore des Bénédictins.

Les rois et les princes continuent de fréquenter
l'Abbaye : en 1645, la Duchesse de Nevers, reine de
Pologne, séjourne au logis abbatial ; en 1646, Louis XIV
et sa mère Anne d'Autriche, y logent également : la
reine communie de la main de l'Abbé.

Le séjour de la Reine mère à Compiègne a-t-il quelque relation avec l'événement très grave qui vint boule-
verser la vie de l'Abbaye Saint-Corneille vers le milieu
du XVIIe siècle ? C'est possible. On sait quel intérêt portait aux Bénédictines du Val de Grâce la Reine Anne
d'Autriche. Or, en 1656, la Reine obtenait du Pape
Alexandre VII l'extinction du titre abbatial de Saint-
Corneille : la mense en fut réunie à l'Abbaye royale des
Religieuses du Val de Grâce de Paris.

Ce n'est pas à dire que l'Abbaye de Saint-Corneille
fut alors supprimée; elle continua à subsister, mais elle

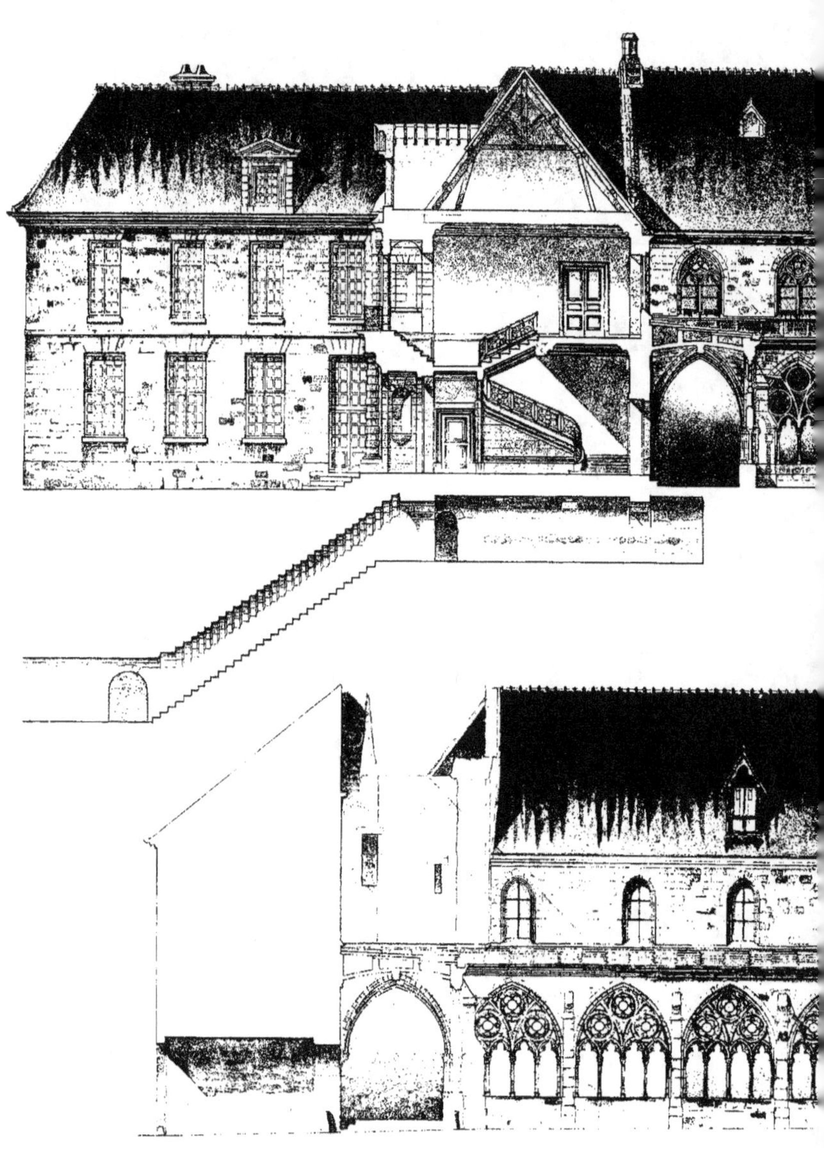

PROJET

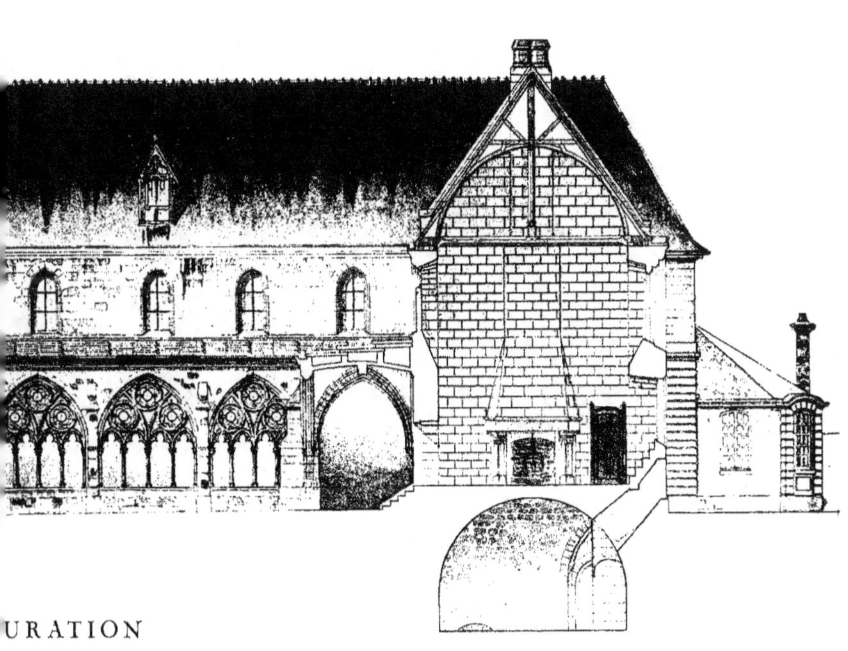

URATION

n'eut plus d'abbé et fut désormais représentée par un
grand prieur de l'Ordre de Saint-Maur. C'est le grand
prieur qui, au XVIII° siècle, figure avec l'Abbesse du
Val de Grâce dans les pièces officielles, notamment
dans les procédures engagées devant le Parlement entre
l'Abbaye de Saint-Corneille et l'Evêque de Soissons.

*
* *

Depuis longtemps, la situation de l'Abbaye avait été
battue en brèche d'abord par le pouvoir royal, épris de
centralisation, puis et surtout par les Evêques de Soissons, qui voyaient de mauvais œil, dans leur diocèse, une
institution échappant à leur autorité et à leur contrôle.

C'est ainsi qu'au XVIII° siècle, des privilèges et
exemptions accordés à l'Abbaye par les rois et qui avaient
été appliqués notamment à toute la Ville, il ne subsistait
en dehors des locaux mêmes de Saint-Corneille, qu'une
juridiction spirituelle restreinte à certaines paroisses et
à certains établissements de Compiègne. Ce droit, dernier
reste de la splendeur morale de l'Abbaye, fut contesté
par l'Evêque de Soissons.

En 1728 intervint une transaction qui consacra la
déchéance de la royale Abbaye; le grand prieur abandon-
nait ses prétentions, l'évêque étendait son autorité spirituelle aux paroisses et établissements contestés; le grand
prieur n'avait plus vis-à-vis du siège de Soissons que
la situation de grand vicaire, avec quelques privilèges
honorifiques.

Telle fut la fin de la grande et illustre fondation
de Saint-Corneille. Conçue comme indépendante des

3

évêques, l'Abbaye n'était plus qu'un établissement ecclésiastique soumis à l'ordinaire et privé de ses privilèges d'autrefois.

*
* *

Il ne faut pas espérer que l'on puisse retrouver des restes de constructions remontant à l'origine de l'Abbaye et datant du IX⁰ siècle. Il en est en effet de Saint-Corneille comme de tous les Monuments des temps anciens : les bâtiments primitifs ont disparu, soit qu'ils aient été victimes d'incendies, soit qu'ils aient été démolis pour faire place à des constructions plus luxueuses ou plus commodes.

L'Abbaye a compris, outre les bâtiments conventuels, une église plusieurs fois reconstruite, pour la dernière fois vers le XIII⁰ siècle; c'est cette église qui servit de lieu de sépulture à de nombreux Rois de France, aux princes de leur famille et à certains grands dignitaires. Elle était surmontée de deux clochers de formes différentes.

Lors de la Révolution, à Compiègne comme dans bien des villes, l'église de l'Abbaye de Saint-Corneille fut souillée et pillée. Sa richesse s'étalait pour ainsi dire : devant d'autel en argent, surmonté d'une grande croix d'or, crucifix d'argent au jubé, chefs-d'œuvre d'orfèvrerie étincelant de pierres précieuses, chapes et dalmatiques d'une richesse inouïe, livres aux reliures somptueuses; il y avait là une tentation irrésistible et un butin facile pour la populace. Les tombes furent violées, les pièces d'orfèvrerie enlevées. Seules, les reliques furent sauvées et se trouvent actuellement à l'église Saint-Jacques de

Compiègne. Mais l'église même survécut et il a fallu
l'inconscience artistique de l'administration municipale
de Compiègne sous le premier Empire et la Restauration
— inconscience, il faut le reconnaître, partagée à cette
époque par le plus grand nombre des Administrations, —
il a fallu la méconnaissance de la beauté des bâtiments
du Moyen Age, qui était alors générale (l'érudit Petit
Radel n'avait-il pas écrit un livre donnant le moyen de
détruire rapidement et à bon marché les constructions
gothiques), pour amener la destruction totale de l'église
et la construction sur son emplacement d'une importante
rue de la Ville, qui prit le nom de rue Saint-Corneille.

*
* *

Il ne saurait être question de rebâtir l'église. Mais
si cet édifice a disparu, les autres bâtiments de l'Abbaye
sont debout et parfaitement restaurables.

Les parties les plus anciennes de ces constructions
remontent au XII᷎ siècle; elles comprennent les murs de
la grande salle qui était le réfectoire des moines; cette
salle, une fois débarrassée des fours de boulangerie et
des planchers qui l'encombrent et la défigurent, ne mesu-
rerait pas moins de 32 m. 50 de longueur, 7 m. de largeur
et 12 m. d'élévation.

Au XII᷎ siècle encore, remonte le soubassement d'une
des tours de l'église, soubassement dont la hauteur s'élève
à 12 mètres.

Du XIV᷎ siècle date le cloître dont les arcades sont
actuellement dépourvues d'ornements, mais dont les

nervures sont toujours visibles. La plupart des clefs de voûtes sont restées intactes. Remis dans son état primitif, ce qui est parfaitement possible, ce cloître serait certainement l'un des plus beaux de l'Ile de France.

Au XVII° siècle, exactement en 1654, sur les plans des moines de Saint-Corneille, des travaux importants furent entrepris, une façade au N.-E. de l'Abbaye avec deux ailes qui existent encore.

Enfin, des constructions du XVIII° siècle, subsiste un escalier de grande allure avec une belle rampe en fer forgé.

Tel était l'état de l'Abbaye avant 1914. Il s'est aggravé au cours de la grande guerre : l'édifice fut, en effet, en juin 1918, frappé par un certain nombre d'obus allemands. De plus, un incendie endommagea une partie des bâtiments du XVIII° siècle.

*
* *

Tous les travaux que nécessitera la remise en état du vénérable monastère peuvent être entrepris et menés à bonne fin, si l'on dispose des ressources nécessaires.

Le récent classement dans la liste des Monuments Historiques de l'Abbaye de Saint-Corneille, a déjà mis l'Administration Militaire dans l'obligation de respecter ces importants vestiges du passé, et cette Administration — propriétaire actuelle de ces immeubles — est disposée à en rétrocéder l'ensemble à la Ville de Compiègne, sous condition que celle-ci lui réédifie, sur un autre point de la cité, les magasins et manutention dont elle a besoin.

Voilà donc une question importante qui se réglerait aisément.

La difficulté est surtout de trouver les capitaux nécessaires à la reconstitution; les experts estiment qu'elle coûtera environ 5 millions.

La Ville de Compiègne, déjà si éprouvée par la Guerre, ne saurait faire à elle seule face à cette dépense; l'Administration Municipale, certaine qu'il existe de par le monde des hommes de goût, respectueux d'un passé illustre et civilisateur, a décidé d'éditer, avec le concours de la Société des « Amis de Compiègne », cet opuscule pour attirer leur attention bienveillante et leur procurer l'honneur de collaborer au sauvetage de ce grand œuvre.

La Ville de Compiègne, ville martyre, l'une de celles qui a le plus souffert de la récente guerre (100 millions de francs ont été nécessaires pour panser ses blessures), a, par ailleurs, droit à toute leur bienveillance. Faut-il leur rappeler que le Palais de Compiègne fut, au début de la guerre, le quartier général du Maréchal FRENCH, Commandant en Chef des Armées Britanniques et, pendant de longs mois, celui des Armées Françaises. C'est du front de Compiègne que devait partir l'offensive libératrice et c'est dans la forêt de Compiègne, aux portes de la Ville, que fut signé par le Maréchal FOCH et les plénipotentiaires, l'Armistice qui mit fin à la plus cruelle des guerres.

Déjà, un citoyen américain, M. Arthur-Henri FLEMING de Pasadena (Californie), a généreusement contribué à l'aménagement du Monument de l'Armistice. Déjà un autre citoyen américain a consacré des sommes considérables à la conservation des Palais de Versailles et de Fontainebleau, à la reconstitution de la cathédrale de Reims et de la Bibliothèque de Louvain; ne pouvonsnous donc espérer que d'autres, de quelque nationalité qu'ils soient, voudront bien aider la Municipalité de Compiègne a restaurer notre grande Abbaye ?

Des plans de reconstitution de Saint-Corneille ont, dès à présent, été dressés; un jeune architecte de beaucoup de talent, M. DESMAREST, élève de M. BERNARD, architecte des Monuments Historiques à Compiègne, les a mis au point. Ils donnent sur les parties anciennes de l'édifice et sur celles à réparer, une documentation complète.

*
* *

Mais ce n'est pas tout de remettre en état Saint-Corneille et de doter Compiègne d'un Monument artistique qui ferait l'admiration de nombreux visiteurs. Encore faudra-t-il utiliser l'Abbaye reconstituée.

Or, il existe dans l'Hôtel de Ville de Compiègne d'admirables collections d'art qui constituent le Musée Municipal. Ces collections sont dues à la libéralité de nombreux amateurs et, en particulier de VIVENEL, architecte des plus distingués du milieu du XIX° siècle (self made man), qui reconstruisit l'Hôtel de Ville de Paris. VIVENEL collectionna pendant toute sa vie des œuvres d'art qu'il donna de son vivant à la Ville de Compiègne et, après une existence de travail et de générosité, mourut pauvre.

L'art, sous toutes ses formes, et aux diverses époques de ses manifestations, est représenté au Musée Vivenel : la Grèce, par une superbe collection de vases à figures, qui n'a d'autre rivale en France que celle du Louvre (250 pièces environ), par des statuettes, des bas-reliefs et des objets de toute sorte ; l'Egypte (260 pièces environ), par des stèles, des amulettes, des terres cuites, des statuettes et des objets divers ; l'Italie et la Gaule (plus de 1.000 pièces), par des objets de céramique, de verrerie, de bronze.

Des époques préhistoriques ont été rassemblées de très nombreuses pièces, du plus grand intérêt, dues, en majeure partie, aux fouilles de la région.

Du Moyen Age et de la Renaissance, le Musée possède des marbres, des albâtres, des pierres et des bois sculptés, des bas-reliefs, des ivoires, des bronzes, des émaux, des verreries, des faïences françaises et italiennes de la plus grande rareté.

Et que de beaux meubles de la Renaissance, en particulier cette table avec pieds et cariatide sculptés, femmes et animaux fantastiques, qui fut si admirée à l'Exposition Universelle rétrospective de 1900.

Citons encore la très intéressante galerie des tableaux, qui contient de très beaux primitifs, ainsi que de nombreux dessins de maître, et les collections ethnographiques enrichies récemment d'objets précieux : laques de Pékin, laques d'or du Japon, armes, jades et ivoires, etc...

C'est là un ensemble rare, qu'envieraient des villes beaucoup plus importantes que Compiègne.

Toutes ces collections se trouvent rassemblées — comme nous l'avons dit plus haut — dans divers locaux dépendant de l'Hôtel de Ville, mais malheureusement insuffisants.

L'agrandissement indispensable des bureaux de la Ville a resserré encore l'espace réservé aux collections artistiques. Le classement et la présentation des objets exposés sont devenus impossibles. Et pourtant que d'enseignements artistiques le peuple pourrait-il tirer d'un classement logique et d'une présentation convenable !

Quel cadre merveilleux que l'Abbaye Saint-Corneille pour mettre en valeur tant de chefs-d'œuvre ou de choses curieuses !

Parmi les pertes sévères que Compiègne a eu à déplorer, la disparition d'une partie de ses bibliothèques a été

ANCIENNE ABBAYE
DE SAINT CORNEILLE
A COMPIEGNE.
Actuellement
MANUTENTION MILITAIRE.
ETAT APRES LA GUERRE.
Dessiné par J. Desmarest
Novembre 1927

PROJET
D'AMENAGEMENT
DE L'ABBAYE
DE SAINT-CORNEILLE
POUR
L'Installation Du Musée
DE LA VILLE
DE COMPIEGNE
Rue Napoléon
Dessiné par J. Dumarest
Septembre 1927

l'une des plus sensibles. Les locaux actuellement consa-
crés aux livres et à la salle de lecture sont loin d'être en
rapport avec l'importance de la Bibliothèque et l'affluence
des lecteurs. Le transport du Musée laisserait une place
suffisante à l'aménagement convenable de la « Cité des
Livres ».

Telle serait donc l'utilisation de Saint-Corneille.

La Ville se propose de supprimer certains bâtiments
afin de ménager à l'Abbaye une entrée grandiose; un
jardin serait établi sur l'emplacement de ces bâtiments,
presque en face de l'Hôtel de Ville; derrière ce jardin
apparaîtrait la façade du XVIII* siècle par laquelle on
pénétrerait dans le cloître.

*
* *

Puissions-nous avant peu, pour le plus grand bien
de l'Art, entreprendre et mener à bien l'œuvre de la
reconstitution de notre illustre et chère Abbaye.

ALBERT CAPLAIN,
Conservateur de la Bibliothèque
de Compiègne.

Extrait de la Charte de Fondation

de

L'ABBAYE SAINT-CORNEILLE

par

le Roi Charles-le-Chauve

en 876

(Bibliothèque Nationale, fonds latin, N° 8.837, F° 48)

———

*I*N nomine sanctae et individuae Trinitatis. Karolus ejusdem Dei omnipotentis misericordia imperator augustus. *Quicquid volo aut gratiarum actione Deo omnipotenti offerimus, cui non solum omnia quae habemus, quaeque de manu ejus accepimus, sed etiam nosmetipsos debemus, qui nos et praedecessores nostros imperatores et reges, nullo nostro merito, sed sua benignissima gratia, regium in stemma evehere dignatus est; hoc nobis ad praesentem vitam felicius transigendam et ad futuram uberius capessendam consequentius fore nullo modo dubitamus. Proinde quia divae recordationis imperator, avus scilicet noster Karolus, cui divina Providentia monarchiam totius hujus imperii conferre dignata est, in palatio Aquensi cappellam in honore beatae Dei genetricis et Virginis Mariae construxisse ac clericos inibi Domino ob suae animae remedium atque peccaminum absolutionem, pariterque ob dignitatem apicis imperialis deservire constituisse ac congerie quamplurima reliquiarum eundem locum sacrasse, multiplicibusque ornamentis excoluisse dinoscitur; nos quoque morem illius imitari ceterorumque regum et imperatorum, decessorum scilicet nostrorum, cupientes, cum pars illa regni nobis sorte divisionis nondum contigerit, infra tamen potestatis nostrae dicionem, in palacio videlicet Compendio in honore gloriosae ac perpetuae semper Virginis Mariae, monasterium, cui regium vocabulum dedimus, fundotenus extruximus et donariis quamplurimis, Domino juvante, ditavimus, atque clericos inibi numero centum pro statu sanctae Dei ecclesiae, pro genitoribus ac progenitoribus nostris, pro nobis, conjuge et prole, proque totius regni stabilitate, jugiter Domini misericordiam implorare decrevimus. In cujus basilicae usus atque in praefatorum fratrum necessaria stipendia, villas has perpetuo habendas delegavimus, id est... (1).*

Praedicta itaque omnia, villas et res quas ante dedicationem praefate basilicae et has quas in ejusdem dedicatione concessimus cum cappellis et omnibus appendiciis suis, terris, vineis, silvis, pratis, pascuis, aquis aquarumve decursibus, molendinis mancipiis utriusque sexus desuper commanentibus vel ad easdem juste legaliterque pertinentibus, exitibus et regressibus et universis legitimis terminationibus saepedicto sancto loco, congregationique inibi Domino deservienti aeternaliter habendas et canonice disponendas pro eorum oportunitatibus destinamus et de nostro jure in jus et potestatem ejusdem monasterii transponimus, ita ut quicquid ab hodierna die, sicut in aliis praeceptis nostris ordinabimus per nos perque successores nostros vel quorumlibet dono divina pietas saepefato loco et fratribus conferre voluerit, habeant, teneant atque possideant, liberamque ac firmissimam in omnibus habeant potestatem faciendi atque canonice disponendi, eo scilicet ordine ut officinae et ministeria ejusdem loci, scilicet luminarium hospitum, ac receptionis pauperum, atque stipendiorum fratrum, secundum quod nos aut missi nostri seu praelati ejusdem monasterii congrue disposuerint ordinata consistant.

(1) Il a paru inutile de donner la liste des localités, églises, dîmes, etc., comprises dans la Charte et données à l'abbaye.

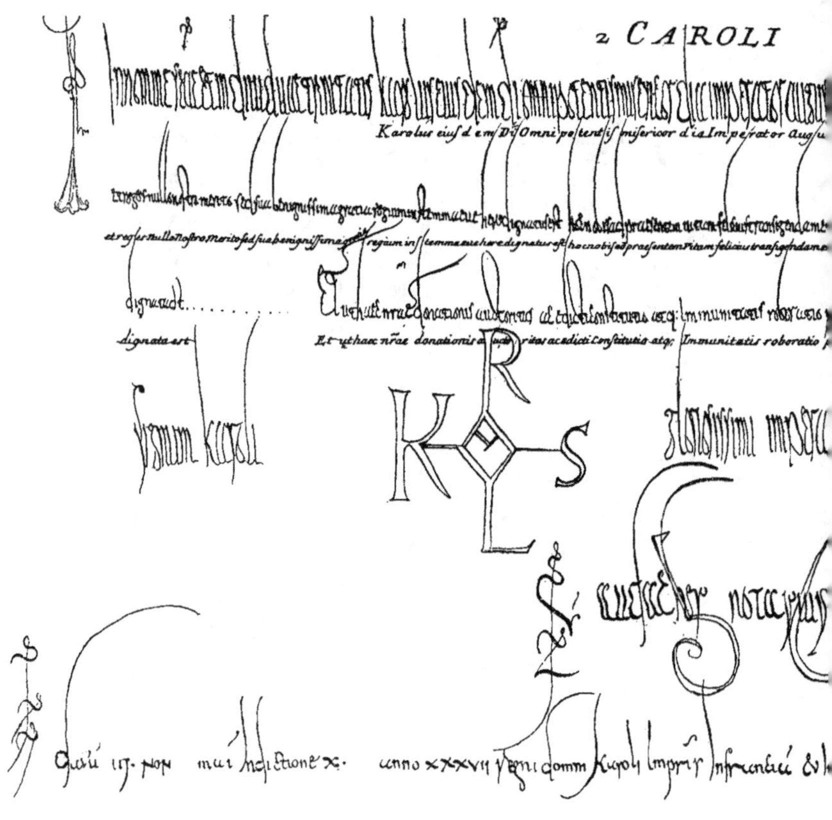

Sanccimus denique etiam ut praefatae res omnes sub immunitate et tuitionis
nostrae defensione ea consistant, qua caeterarum ecclesiarum res quae hoc a
nobis vel a praedecessoribus nostris obtinere promuerunt consistere noscuntur,
ita ut nemo fidelium nostrorum, vel quilibet ex judiciaria potestate, aut ullus
ex reliquis tam praesentibus quam et futuris in ecclesias aut loca vel agros
seu reliquas possessiones praefati monasterii, quas in quibuslibet pagis vel
territoriis juste et legaliter possidet, vel ea quae deinceps in jure ipsius sancti
loci divina pietas augeri voluerit, ad causas audiendas vel freda aut tributa
exigenda, aut mansionaticos vel paratas faciendas, seu fidejussores tollendos,
sive homines tam ingenuos quamque et servos super terram ipsius comma-

i arum actio ne Deo Omnipotenti offerimus cui non omnia quae habemus quaeq; de manu eius accepimus

...tus fore nullo modo dubitamus Proinde quia diuae recordationis Imperator auus scilicet nr Karolus et diuina prouidencia monarchicam eius luminis Imperii conferre

Di nomine conseruetur veiusq; credatur manu propria subter firmauimus et bullarum nr arum impressionibus insigniri iussimus.

nentes distringendos aut ullas redibitiones aut inlicitas occasiones requirendas,
nostris nec futuris temporibus, ingredi audeat, nec ea quae supra memorata sunt
penitus exigere praesumat, et quicquid de rebus memoratae ecclesiae fiscus
sperare poterat, totum nos pro aeterna remuneratione praedicto sancto loco
concessisse perpateat, ut perhennibus temporibus in alimonia pauperum et
stipendia canonicorum ibidem Domido famulantium in augmentum proficiat,
qualinus ipsis servis Dei eorumque successoribus pro nobis Domini misericordiam uburius exorare delectet; et quia praefatas res omnes ex fiscis nostris
fuisse constat, volumus pariterque jubemus ut sub ea lege qua res fisci nostri
maneant atque sub eo mundeburde et defensione tueantur ac defendantur et

sub ea tuitione imperiali consistant qua coenobia, Prumbia scilicet et quod atavus noster Pippinus construxit et monasterium sanctimonialium Lauduno in honore Sanctae Mariae constitutum consistere noscontur. Enimvero quae in auro, argento et gemmis, vestibus, rebus vel in quibuslibet speciebus eidem loco congessimus, quia ob amorem divini cultus pariterque animae nostrae, genitorum ac progenitorum nostrorum remedium, Domino consecranda obtulimus, rogamus atque testificatione divini nominis interdicimus ut nullus regum aut imperatorum successorum nostrorum nec quisquam ordinis qualibet dignitate praeditus, ex hiis quae supra memorata sunt quicquam in suos usus accipiat, aut in cappelle suae cultus admoveat, nec, sicut aliquando factum esse constat, ad aliam ecclesiam quasi sub obtentu elemosinae conferat, sed, sicut ea Domino ac praefato sancto loco dedimus integerrime ac perpetualiter habenda conservet.

His vero omnibus supradictis rebus, quas saepememorato sancto loco in oportunitate basilicae et fratrum praefatorum, numero centum, suffragia constituimus, nihil minuere quisquam praesumat ; sed haec nostrae pietatis concessio et imperialis altitudinis sanctio ita perpetuo conservetur, sicut in privilegio domni et sanctissimi patris nostri Johannis, apostolici et universalis papae, ac aliorum episcoporum privilegiis continetur astipulatum ; augere vero si quispiam voluerit, augmentatis et multiplicatis eorum usibus, rebus accumulentur divini cultores servitii. Memoratum denique domni et sanctissimi papae Johannis privilegium per hoc nostrae imperialis excellentiae dictum confirmamus, atque sicuti sua decrevit sanctio, ita perpetuo mansurum nostra decernit roboratio. Et ut haec nostrae donationis auctoritas ac edicti constitutio atque immunitatis roboratio per omnia tempora inviolabiliter in Dei nomine conservetur, veriusque credatur, manu propria subterfirmavimus et bullarum nostrarum impressionibus insigniri jussimus.

Signum KAROLI *(monogramma) imperatoris augusti.*

Signum HLUDOWICI *(monogramma) gloriosi regis.*

Audacher notarius ad vicem Gauzlini recognavit et suscripsit.

Datum III° nonas maii indictione X, *anno* XXXVij *regni domni* KAROLI *imperatoris in Franciam et in successione Hlotharii regis* VII *et imperii secundo.*

Actum Compendio palatio imperiali in Dei nomine feliciter. Amen.

Achevé d'imprimer
le 25 Février 1930
par
l'Imprimerie de Compiègne
58, Rue de l'Oise
Compiègne (Oise).